BEI GRIN MACHT SICH IHR WISSEN BEZAHLT

- Wir veröffentlichen Ihre Hausarbeit, Bachelor- und Masterarbeit

- Ihr eigenes eBook und Buch - weltweit in allen wichtigen Shops

- Verdienen Sie an jedem Verkauf

Jetzt bei www.GRIN.com hochladen und kostenlos publizieren

beit. Im Anschluss erfolgt die Vorgehensweise der Literaturrecherche zur besseren Veranschaulichung der Informationssuche. Es folgt die Vorstellung verschiedener Branchen kundenindividueller Produktion. Gemeinsamkeiten wie auch Unterschiede innerhalb dieser Branchen, je nach Art des Produktes, werden analysiert und festgehalten. Gegen Ende wird die Seminararbeit mit einem Resümee sowie einem persönlichen Fazit im Schlussteil abgeschlossen.

2. Grundlagen

Um ein besseres, allgemeines Verständnis über die Thematik der Seminararbeit zu erlangen, folgen im Anschluss Definitionen sowie Erklärungen wichtiger Begriffe.

2.1 Losgröße

Als Losgröße bezeichnet man die Anzahl an Produkten, welche in einem Durchlauf produziert werden, bevor die verwendete Produktionsmaschine zur Herstellung eines neuen Produkts umgerüstet werden muss. Dieses Verfahren wird auch als Losfertigung bezeichnet. Will man also eine Losfertigung nach Losgröße 1 realisieren, so wird genau ein Produkt hergestellt, bevor es zu einer Umrüstung der Maschine zur weiteren Produktion kommt. Dies wäre normalerweise auch der Fall, jedoch wird durch den Einsatz hochintelligenter Maschinen, im Kontext von Industrie 4.0, alles automatisiert geregelt. Pro Kunde gibt es also exakt eine Variante des Produkts, man spricht hierbei auch von Einzelfertigung (Herrmann, A. / Albers, S., 2007, S. 958).

2.2 Industrie 4.0

Die vierte industrielle Revolution wird auch als Industrie 4.0 bezeichnet. Dies erklärt auch die Zahl 4.0 (Andelfinger, V / Hänisch, T., 2017, S.2). Die Industrie 4.0 ist gekennzeichnet durch die Verwendung cyber-physischer Systeme. Maschinen kommunizieren eigenständig mit anderen Maschinen und alles ist miteinander vernetzt, wobei der Mensch dabei eine untergeordnete Rolle spielt (Andelfinger, V / Hänisch, T., 2017, S.3). Produktionsmaschinen sollen jeden Produktionsablauf selbst organisieren und damit unter anderem Rüstkosten sparen. Das Gerät kann sich zur Produktion eines neuen Artikels selbst umrüsten, ein Fertigungsprozess soll dauerhaft gegeben sein. Dieses Konzept wird benutzt, um eine individuelle Kundenproduktion nach Losgröße 1 zu ermöglichen. Nun ist auch ersichtlich, wieso der Begriff „Industrie 4.0" meist in Verbindung mit „Losgröße 1" fällt.

Bibliografische Information der Deutschen Nationalbibliothek:

Die Deutsche Bibliothek verzeichnet diese Publikation in der Deutschen National-
bibliografie; detaillierte bibliografische Daten sind im Internet über http://dnb.d-
nb.de/ abrufbar.

Impressum:

Copyright © 2017 GRIN Verlag, Open Publishing GmbH
Druck und Bindung: Books on Demand GmbH, Norderstedt Germany
ISBN: 9783668536807

Egzon Sutaj

Die kundenindividuelle Produktion. Eine systematische Untersuchung des Begriffs "Losgröße 1"

GRIN Verlag

GRIN - Your knowledge has value

Der GRIN Verlag publiziert seit 1998 wissenschaftliche Arbeiten von Studenten, Hochschullehrern und anderen Akademikern als eBook und gedrucktes Buch. Die Verlagswebsite www.grin.com ist die ideale Plattform zur Veröffentlichung von Hausarbeiten, Abschlussarbeiten, wissenschaftlichen Aufsätzen, Dissertationen und Fachbüchern.

Besuchen Sie uns im Internet:

http://www.grin.com/

http://www.facebook.com/grincom

http://www.twitter.com/grin_com

Seminararbeit

[Sommersemester 2017]

gemäß §19 der Prüfungsordnung für den
Bachelor-Studiengang Wirtschaftsinformatik
in der Fassung vom 25. April 2013

Generalthema: [Neue Konzepte und Technologien für betriebliche
Informationssysteme]

Titel: [Die kundenindividuelle Produktion – Eine
systematische Untersuchung des Begriffs „Losgröße 1"]

Inhaltsverzeichnis

Abbildungsverzeichnis

Tabellenverzeichnis

1. Einleitung

Die Welt im Allgemeinen und insbesondere die Technologie entwickelt sich stets weiter. Was damals noch per Hand gefertigt werden musste, erledigen heutzutage hochintelligente Maschinen, ausgerüstet mit modernster Software. Ermöglicht wird dies durch die präsente vierte industrielle Revolution, die Industrie 4.0 (Andelfinger, V / Hänisch, T., 2017, S.57). Dabei realisieren viele Unternehmen, dass der Trend der Massenproduktion veraltet ist. Um heute im Markt wettbewerbsfähig zu bleiben, ist eine Umstellung der Produktionsarten erforderlich. Die Arbeitsmärkte erfuhren eine Aufspaltung innerhalb der letzten zwei Jahrzehnte. Grund dafür ist die erhöhte Nachfrage der individuellen Produktion in jeglicher Branche (Herrmann, A. / Albers, S., 2007, S. 943). Solch eine kundenindividuelle Produktion wird auch als Losfertigung nach Losgröße 1 bezeichnet. Diese Produktionsart ermöglicht es dem Kunden, ein Produkt nach Belieben selbst zu modellieren und herzustellen. Anforderungen sowie Anwendungswünsche an das Produkt können leichter erzielt werden, da der Konsument selbst Hersteller des Artikels wird. Ein einfaches Beispiel findet man in der Automobilindustrie. Will ein Kunde ein neues Auto kaufen, so kann dieser, aufgrund des Einsatzes von Produktkonfiguratoren, sein eigenes Fahrzeug eigenständig online zusammenstellen. Die Realisierung der Kundenwünsche hat Priorität, der Kunde wird somit absichtlich in den Wertschöpfungsprozess mit eingebunden (Piller, F.T., 2006, S.7). Es ist Raum für Individualität und Selbstentfaltung da. Interessant wird es nun, wenn man den Begriff der kundenindividuellen Produktion in verschiedenen Branchen betrachtet. Denn wie man schnell sieht, gibt es, trotz einheitlichem Terminus, Unterschiede innerhalb dieser Produktionsmethode.

Losgröße 1 - dieser Begriff wird in letzter Zeit immer häufiger diskutiert, doch was genau steckt dahinter? Welche unterschiedlichen Aspekte beschreibt dieses Konzept in verschiedenen Branchen und wie unterscheidet sich der Begriff nach der Art der Produkte? Welche Branchen setzen dieses Konzept ein und welche Besonderheiten ergeben sich dabei?

Das Ziel der Seminararbeit ist die Beantwortung der benannten Forschungsfragen sowie die Aufarbeitung des Konzepts der Losgröße 1 in Verbindung mit Industrie 4.0. Ein besseres Verständnis des Begriffs als auch ein allgemeiner Überblick der kundenindividuellen Produktion in verschiedenen Branchen soll nach Ende der Seminararbeit gegeben sein. Vor allem sollen Gemeinsamkeiten und Unterschiede dieser Produktionsart, je nach Art des Produkts, aufgezeigt werden.

Zur Ausarbeitung der Seminararbeit wurden in wissenschaftlichen Datenbanken wie Springlink, Google Scholar etc. themenbezogene Suchbegriffe recherchiert. Die gefundene Literatur wurde nach Informationsgehalt sowie Relevanz ausgewertet und es erfolgte eine Eingrenzung der relevanten Quellen, welche für die Seminararbeit von Nutzen waren und somit berücksichtigt wurden.

Die Seminararbeit beginnt mit der Definition wichtiger Grundbegriffe zum besseren Verständnis der Ar-

2.3 Mass Customization

Unter Mass Customization versteht man eine kundenindividuelle Massenproduktion oder auch eine individualisierte Massenfertigung (Roth, A., 2016, S.22). Das Ziel dieser Idee ist es dabei, dem Kunden individualisierte Produkte anbieten zu können und dabei den wirtschaftlichen Nutzen der Massenproduktion beizubehalten. Mass Customization ist somit eine kundenindividuelle Massenfertigung nach Losgröße 1 im Sinne von Industrie 4.0.

3. Literaturrecherche

Die Vorgehensweise zur Literaturrecherche für diese Seminararbeit richtet sich nach der von Peter Fettke untersuchten Forschungsmethode „Review" im State-of-the-Art des State-of-the-Art (Fettke, P., 2006, S.257ff.). Im ersten Schritt wurde dabei ein Überblick über das Thema verschafft. Einzelne Suchbegriffe wie z.b. „Losgröße 1", „kundenindividuelle Produktion", „Losfertigung" oder „Industrie 4.0" wurden am Computer recherchiert und analysiert. War ein grobes Verständnis des Themas erlangt, wurden im nächsten Schritt Forschungsfragen erdacht und ausformuliert, um eine exakte Zielvorstellung der Seminararbeit innezuhaben. Im Anschluss darauf erfolgte die Literatursuche in verschiedenen wissenschaftlichen Datenbanken mit geeigneten Suchbegriffen. Die recherchierte Literatur wurde nach Nutzen und Informationsgehalt ausgewertet, sodass am Ende eine gewisse Menge an hilfreicher Literatur gesammelt war, um die Seminararbeit verfassen zu können. Literatur zu dem Thema selbst gibt es dabei genügend, wobei Unterschiede und Ähnlichkeiten kundenindividueller Produktion jedoch kaum betrachtet werden. In diesem Themengebiet gibt es auf jeden Fall noch Erweiterungspotenzial.

Folgende Abbildung stellt die Verwendung passender Suchbegriffe in Datenbanken zur Sicherstellung einer Informationssammlung in Form von Literatur dar. Das Erscheinungsjahr verwendeter Literatur variiert dabei, weil mit der Eintragung unterschiedlicher Suchbegriffe eine unterschiedliche Anzahl an Suchergebnissen einhergeht. Gab es also bei einem Suchbegriff zu viele Treffer, so wurde das Jahr der Publikation erhöht, um die Anzahl der Literaturergebnisse einzuschränken sowie eine gewisse Aktualität der Literatur beizubehalten. Entsprechend wurde das Erscheinungsjahr bei zu wenigen Treffern nach unten gesetzt. Weiterhin wurde darauf geachtet, nur einzelne Zitate wie auch Preview-Only Material in der Suche auszugrenzen, da damit unnötige Artikel miteinbezogen werden, welche für die Ausarbeitung der Seminararbeit nicht von Nutzen sind. Die Zahlen in der Tabelle repräsentieren dabei die Anzahl gefundener Ergebnisse der jeweiligen Suchbegriffe in den aufgezeigten Datenbanken der ersten Zeile. Dabei war vor allem die Datenbank „Springerlink" ein sehr nützlicher Informationslieferant, aufgrund der großen Menge an themenbezogener Literatur.

4. Die kundenindividuelle Produktion in verschiedenen Branchen

Mittlerweile gibt es eine Vielzahl an Branchen, welche sich von der konventionellen Massenproduktion abheben. Als Ursache dafür ist der Trend der kundenindividuellen Produktion in allen Lebensbereichen anzusehen (Herrmann, A. / Albers, S., 2007, S. 943). Der Kunde findet Lust und Gefallen daran, sein eigenes Produkt herzustellen. Dabei ist die Textilindustrie Vorreiter in Sachen Massenproduktion nach Losgröße 1, wie folgende Abbildung zeigt.

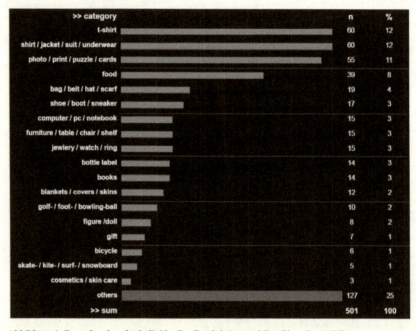

Abbildung 1: Branchen kundenindividueller Produktion und ihre Verteilung [25]

Hierbei wurden insgesamt 501 Mass Customization Firmen in unterschiedlichen Produktionskategorien betrachtet. Der Buchstabe „n" beinhaltet dabei die Anzahl der Firmen. Die Prozentzahl dahinter bezieht sich auf den Anteil der jeweiligen Kategorie in allen Branchen. Wie man sehen kann, ist die kundenindividuelle Produktion in der Textilindustrie mit 24% auf dem ersten Platz, gefolgt von der Druckindustrie für Poster, Fotoalben und Ähnlichem. Den letzten Platz teilen sich die Individualisierung von Fahrrädern, Skiboards oder Kosmetikprodukten. Dies kann damit begründet werden, dass T-Shirts von jedem getragen werden und ein perfektes Produkt zum Individualisieren darstellen. Vor allem bei Abschlussfeiern oder bei besonderen Anlässen lassen sich Kunden gerne Texte oder Logos auf T-Shirts drucken, um so einen besonderen Tag zu kennzeichnen und den Zusammenhalt einer Gruppe zu signalisieren. Auffallend ist jedoch das breite Spektrum an Branchen, welche das Konzept der individuellen Kundenproduktion verfolgen. Jede erdenkliche Branche fasst Fuß in der Massenanfertigung nach Losgröße 1. Ein Normalverbraucher ist sich dessen gar nicht bewusst, da der Markt mit einem Produktangebot unterschiedlichster Hersteller überflutet ist und das Konzept der Mass Customization noch relativ jung ist. Nachfolgend wird das Phänomen der Losfertigung nach Losgröße 1 am Beispiel verschiedener Branchen betrachtet. Dabei werden Besonderheiten und Zusammenhänge je nach Art der Produkte aufgedeckt und analysiert. Die Zusammenfassung mehrerer Branchen unter einem Gliederungspunkt wird dabei absichtlich durchgeführt, da die Seminararbeit 3 **verschiedene Geschäftszweige** betrachtet: Die Branchen mit einem **geringen**, einem **mittelmäßigen** sowie einem **hohen** Grad an Individualität. Was damit genau gemeint ist, wird im weiteren Verlauf der Seminararbeit ersichtlich.

4.1. Die Automobil-, Fertighaus- und Computerindustrie

Mit einem Gesamtumsatz von ca.1900 Milliarden Euro ist die Automobilindustrie wohl eine der bekanntesten Branchen weltweit. (Slamanig, M., 2011, S.267). Seit einiger Zeit sind Produktionsunternehmen mit hohen Anforderungen und Erwartungen der Kunden belastet. Bei den Kunden ist ein starker Trend zur individuellen Gestaltung von Fahrzeugen erkennbar, der sich durch den Wunsch einer Personalisierung des eigenen Fahrzeugs und Differenzierung gegenüber anderen Fahrzeugbesitzern abzeichnet (Slamanig, M., 2011, S.267). Daher haben sich Automobilgiganten wie BMW, Ford und Toyota vor einigen Jahren zum Ziel gemacht, das Konzept der Losfertigung nach Losgröße 1 anzutreiben und im Markt zu etablieren (Pollard, D. / Chuo, S. / Lee, B., 2016, S.6). Mittlerweile verfügt so gut wie jeder Automobilkonzern über eine Individualisierungsmöglichkeit jeglicher angebotenen Fahrzeuge. Dabei kann der Kunde ganz bequem von zu Hause aus mit Hilfe von Produktkonfiguratoren sein eigenes Fahrzeug konfigurieren, ganz ohne Berater. Die Veränderungs- und Modifikationsliste ist lang. Schaut man sich bei der offiziellen BMW-Seite die Konfigurationsmöglichkeiten an, so wird man mit einem breiten Spektrum an Informationen überflutet. Motorisierung, Außenfarbe, Interieur alles kann individuell angepasst werden. Solche eine Personalisierung kostet natürlich mehr Geld als der Kauf eines Autos aus der Standardserie. Will man sich beispielsweise einen mit Grundausstattung bestückten BMW 116i 3-Türer zulegen, so kostet dieser 23.550 Euro. Personalisiert man diesen BMW so um wie es einem passt, so kann die Zahlungssumme jenseits der 50.000 Euro Grenze ansteigen. Individuelle Fahrzeugproduktion hat ihren Preis und sicherlich nicht für jeden Normalverbraucher realisierbar. Viele Verbraucher kaufen keinen Neuwagen und haben schon gar nicht das Geld ihr Fahrzeug zu modifizieren. Die Massenproduktion übertrifft somit das Konzept der Losgröße 1 in der Automobilbranche, da der Kauf einer Serienfertigung angesichts der unsicheren wirtschaftlichen Lage realistischer erscheint (Pollard, D. / Chuo, S. / Lee, B., 2016, S.6). Ein weiteres, extremeres Beispiel dieser Losfertigung nach Losgröße 1, findet man in der Herstellung eines Fertighauses. Heute können Häuser online selbst zusammengestellt und bestellt werden, wie zum Beispiel bei der Firma Streif AG (Piller, F. / Zanner, S., 2001, S.11). Dabei können einzelne Baumodule oder der Grundriss selbst ausgewählt werden, um das Haus individuell an seine Wünsche und Vorstellungen anzupassen. Da dies ein gewagtes Projekt ist und sich nicht jedermann zutraut ein Haus eigenständig zu entwerfen, werden Kunden mit Preisrabatten angezogen. Die Firma Streif AG bietet demnach Kunden, welche an der Hausentwicklung mitarbeiten, einen Preisnachlass von 25.000 Euro an, da die Selbstkonfiguration Kosten spart und den Entwicklungsprozess beschleunigt (Piller, F. / Zanner, S., 2001, S.11). Das letzte Beispiel in diesem Gliederungspunkt widmet sich der Computer- und Laptopbranche. Diese spezielle Branche hat von der Idee der Massenproduktion nach Losgröße 1 sehr profitiert. Dell als auch HP, zwei Computerhersteller, haben in den letzten 7 Jahren das Konzept der kundenindividuellen Produktion in der Computerbranche weit vorangetrieben und das auch mit sichtbar großem Erfolg. Sie sind als Pioniere der individuellen Kundenproduktion in der Laptop- und Computerszene anzusehen (Pollard, D. / Chuo, S. / Lee, B., 2016, S.7). Vor allem Dell hat schon vor Jahren, noch bevor der Trend des Mass Customizing anschlug, mit einer Personalisierung des eigenen Computers bzw. Laptops geworben. Menschen auf der ganzen Welt können dabei aus einer Vielzahl von Prozessoren, Grafikkarten, Arbeitsspeichern, Gehäusen und vielem mehr, ihr ganz eigenes Produkt zusammenstellen und liefern lassen. Die Individualisierung ist in diesem Markt äußerst ansprechend für Kunden, welche Kenntnisse bei der Laptop- bzw. Computerkonfiguration besitzen. Für jemanden, der sich mit den einzelnen Bauteilen eines Computers nicht auskennt, ist dieses Konzept nicht gedacht. Ein Kenner jedoch kann damit, im Vergleich zum Kauf einer Serienfertigung auf dem Großmarkt, viel Geld sparen und genau die Bauteile einbauen lassen, welche sich zur Erledigung seiner Tätigkeiten anbieten.

4.1.1 Gemeinsamkeiten in den jeweiligen Branchen

Die drei beschriebenen Beispiele kundenindividueller Produktion in den Branchen der Automobil-, Fertighaus- sowie Computerindustrie wurden aus ganz bestimmten Gründen unter einem Gliederungspunkt zusammengefasst. Es lassen sich klare Gemeinsamkeiten des Begriffs der Losgröße 1 in der Art der Produkte beobachten, vor allem aufgrund des **wirtschaftlichen Aspekts** sowie des **geringen Grads an Individualität**. Alle drei aufgezeigten Luxusgüter befinden sich im **oberen Preissegment** des Verbrauchermarktes der personalisierten Kundenproduktion. Andere Branchen, wie z.B. die Textilindustrie, welche im weiteren Verlauf der Seminararbeit ebenfalls betrachtet wird, verlangen keine so großen Zahlungssummen bei der Anpassung des Produktes. Damit geht eine **große Verantwortungsbereitschaft** der Käufer einher.

Weiterhin ist der Kauf eines personalisierten Produktes in einer der vorgestellten Branchen nur für eine ganz bestimmte Zielgruppe bestimmt. Nicht jeder weiß wie man Computer zusammenbaut. Der Mix eines selbst hergestellten Müslis ist dabei weitaus einfacher zu handhaben. Der **Individualisierungsprozess** ist somit schwer. Ein weiterer Gesichtspunkt ist die **Häufigkeit des Kaufs** eines solchen Produkts. Der Kauf eines Artikels in einer der vorgestellten Branchen ist sicherlich keine Routinetätigkeit des täglichen Lebens. Ein selbst modelliertes Haus ist in der Regel bis zum Lebensende Eigentum des Modellierers. Der Kauf des selbst konfigurierten Wunschautos ist ein besonderes Event im Leben des Kunden und nicht mit einer individuellen Postergestaltung gleichzustellen. Ein neu zusammengestellter Laptop sollte in der heutigen Zeit auch einige Jahren lang halten. Einer hohen Zahlungssumme steht auch eine längere **Fertigungsprozessdauer** gegenüber. Bestellt man sein selbst konfiguriertes Haus oder Auto, so kann man nicht erwarten, dass dieses am nächsten Tag geliefert wird. Die Realisierung sowie Fertigstellung eines solchen Projektes erfordert viel Zeit seitens Herstellers. Daraus resultiert auch eine **höhere Versanddauer** bei Produkten aus dem oberen Preissegment im Sinne von Losgröße 1. Die letzte und wichtigste Gemeinsamkeit liegt in der tatsächlichen Individualität des individualisierten Produkts, sie wird in dieser Seminararbeit als **Grad der Individualität** bezeichnet. Er ist bei den betrachteten Beispielen gering. Dies wird vor allem dann ersichtlich, wenn ein Normalverbraucher, dass selbst konfigurierte Auto, Haus oder den zusammengebastelten Computer wiederverkaufen möchte. Es wird sich immer ein Käufer für diese Produktart interessieren und das angebotene Produkt auch kaufen. Dabei spielt es keine Rolle, ob das Auto statt der 18 Zoll Felgen, 20 Zoll Felgen montiert bekommen hat oder ob der Laptop statt eines Intel i5-Prozessors, einen i7 montiert hat. Ein Käufer wird sich immer finden, da das angebotene Produkt keine starke Bindung an den ersten Eigentümer erzeugt, wie z.B. der Kauf eines Eheringes mit eingraviertem Datum des ersten Treffens. Solch ein Ring ist sehr individuell und nur für den Ehepartner bestimmt. Es wird sich sicherlich kein Käufer dafür finden, da dieser Ring für exakt eine Person bestimmt ist. Wie man sehen kann, ergeben sich je nach Art des Produktes unterschiedliche Gemeinsamkeiten im Sinne der kundenindividuellen Produktion in verschiedenen Branchen. Im Folgenden dient eine Zusammenfassung der Ergebnisse dieses Kapitels der besseren Übersichtlichkeit.

4.1.2 Zusammenfassung

Individualisierte Produkte in den Branchen der Automobil-, Fertighaus- und Computerindustrie besitzen also Gemeinsamkeiten hinsichtlich der Gesichtspunkte:

(1) Wirtschaftlicher Aspekt (Zahlungssumme): Wie hoch die Anschaffungskosten sind

(2) Verantwortung: Wie hoch die Verantwortung beim Kauf des Produktes ist

(3) Individualisierungsprozess: Es wird analysiert, ob die Individualisierung machbar oder schwer ist

(4) Kaufhäufigkeit: Wie oft das individualisierte Produkt angeschafft wird

(5) Fertigungsprozessdauer: Wie lange es dauert, bis das gewünschte Produkt hergestellt wird

(6) Lieferzeit: Wie lange es dauert, bis der gekaufte Artikel zum Kunden kommt

(7) Grad der Individualität: Wie persönlich das hergestellte Produkt tatsächlich ist

(8) Verkaufschancen: Wie hoch die Verkaufschancen seitens Ersterwerber des Produktes sind

Folgende Tabelle dient der Zuordnung der vorgestellten Beispielbranchen zu den genannten Begriffen.

Branche	(1)	(2)	(3)	(4)	(5)	(6)	(7)	(8)
Fahrzeug	sehr hoch	sehr hoch	machbar	sehr selten	sehr lange	sehr lange	gering	hoch
Fertighaus	sehr hoch	sehr hoch	schwer	sehr selten	sehr lange	sehr lange	gering	hoch
Computer	hoch	hoch	schwer	selten	lange	kurz	gering	hoch

Tabelle 3: Zusammenfassung der Ergebnisse der Auto-, Fertighaus- sowie Computerindustrie

Somit ist die Beleuchtung der kundenindividuellen Produktion in Branchen des **oberen Preissegments** sowie eines **geringen Grads an Individualität** abgeschlossen. Die nächsten Beispiele beschäftigen sich mit der Textil- und Lebensmittelindustrie, da diese einen **mittelmäßigen Individualisierungsgrad** aufweisen. Unterschiede zwischen den einzelnen Gliederungspunkten folgen im späteren Verlauf der Seminararbeit, nachdem alle Beispielbranchen vorgestellt wurden.

4.2 Die Textil- und Lebensmittelindustrie

Wie bereits anhand der Grafik in Gliederungspunkt 4 ersichtlich wurde, sind die meisten Mass Customization Unternehmen in der Textilbranche tätig. Die individuelle Produktion von Jacken, T-Shirts oder anderen Kleidungsartikeln macht einen Marktanteil von 24% aus. Dabei fällt einem vor allem die Individualisierung von T-Shirts, mit 12% des Marktanteils, in die Augen. Gerne tragen Jugendliche bei Abschlussfeiern oder Klassenfahrten oft individuell bedruckte T-Shirts, um den Zusammenhalt der Gruppe zu signalisieren. Unternehmen wie Adidas und Nike, haben mit den Konzepten „mi adidas" und „NIKEiD", die Idee der kundenindividuellen Produktion schon vor vielen Jahren im Markt etabliert. Die Grundidee ist dabei den Kauf personalisierter Schuhe, welche zuvor nur für Profi Athleten gefertigt wurden, auch für

Normalverbraucher zugänglich zu machen (Reichwald, R. / Piller, F., 2006, S.257). Diese Konzepte beinhalten Positives sowohl für Endverbraucher als auch für Unternehmen. Kunden werden unabsichtlich in den Innovationsprozess miteingebunden und das Produktionsunternehmen kann sich an einer Vielzahl neuer Produktionsmöglichkeiten erfreuen. Somit können Kosten in der Innovation neuer Produkte gespart werden, da der Kunde schon eigenständig neue Ideen entwickelt und er selbst sich am Individualisierungsprozess seiner neuen Schuhe amüsieren kann.

Auch in der Lebensmittelindustrie hat sich der Gedanke der Kundenproduktion nach Losgröße 1 festgesetzt. Mittlerweile kann man seinen eigenen Tee, sein eigenes Müsli und selbst das Hundefutter selbst mischen und nach Hause bestellen. Einer der bekanntesten Vorreiter in Sachen Mass Customization in der Lebensmittelindustrie ist die Firma „mymuesli". Kunden, welche keine passende Müslimischung im Discounter finden, können so bequem von zu Hause aus Ihr eigenes Müsli mischen oder aus einer Vielzahl bereits zusammengemischter Sorten auswählen. Dabei können, laut Internetseite des Unternehmens, 566 Billiarden verschiedene Müslivariationen hergestellt werden. Diese Einzigartigkeit hat jedoch ihren Preis. Selbst hergestellte Produkte sind im Schnitt 40% teurer als das Massenprodukt im Lebensmittelgeschäft (Wirth S., 2009, S.2).

4.2.1 Gemeinsamkeiten in den jeweiligen Branchen

Die Textil- und Lebensmittelindustrie weisen Ähnlichkeiten in bestimmten Bereichen, allen voran in dem Grad der Individualität auf, weshalb sie unter demselben Gliederungspunkt betrachtet werden. Beide Branchen verkaufen Produkte, welche sich nicht in der oberen **Preisklasse** wie bspw. zuvor betrachtete Beispiele befinden. Logischerweise sind dabei personalisierte Schuhe kostenintensiver als der Kauf einer selbstgemischten Tee Sorte, jedoch übersteigen die Summen keine großen Zahlenwerte. Ist man mit dem Kauf der neu gestalteten Schuhe oder mit dem Geschmack des selbstgemischten Müslis im Nachhinein doch nicht zufrieden, so entsteht kein allzu großer wirtschaftlicher Schaden. Eine **Verantwortungsbereitschaft** muss somit nicht gegeben sein. Um sich ein neues paar Schuhe zu konfigurieren oder die eigene Bratwurst zusammenzustellen, muss man kein Mensch großer Intelligenz sein. Der **Individualisierungsprozess** eines selbst bedruckten T-Shirts oder einer neuen Müslisorte ist somit auch für den Normalverbraucher ohne jegliche Kenntnis realisierbar. Bei der **Häufigkeit** des Einkaufs unterscheiden sich die Beispiele im Regelfall. Während man das Müsli vielleicht einmal die Woche nachbestellen muss, ist der Kauf eines personalisierten Schuhs eher keine wöchentliche Tätigkeit. Im Hinblick auf den **Fertigungsprozess**, ist die Erstellung eines Schuhs oder einer neuen Teemischung wohl kein Prozess längerer Dauer. Aufgrund dessen ist die **Versandzeit** solcher individualisierten Produkte nicht lange anzurechnen. Grund für die Betrachtung der beiden Branchen unter einem Gesichtspunkt ist, wie schon erwähnt, vor allem ein **höherer Grad der Individualität** und damit einhergehende **schlechtere Verkaufschancen** im Absatzmarkt. Ein selbst bedrucktes T-Shirt oder die eigene Müslivariation können trivialerweise nicht so leicht wiederverkauft werden. Diese Art der Produkte haben einen höheren Individualisierungsgrad, sprich das hergestellte Produkt ist persönlicher und stärker an den Hersteller gebunden als bspw. der selbst zusammengebaute Laptop. Somit ergeben sich auch klare Unterschiede zu den Branchen im oberen Preissegment. Die Betrachtung dessen erfolgt später.

4.2.2 Zusammenfassung

Wie bei den Beispielen der Automobil-, Fertighaus- und Computerindustrie haben sich bei der Textil-und Lebensmittelindustrie Gemeinsamkeiten hinsichtlich bereits erwähnter Gesichtspunkte abgezeichnet. Die acht genannten Begriffe werden in der folgenden Tabelle wieder benutzt, um die analysierten Branchen anhand der Standpunkte zu charakterisieren. (Begriffe: (1) Wirtschaftlicher Aspekt (Zahlungssumme), (2) Verantwortung, (3) Individualisierungsprozess, (4) Kaufhäufigkeit, (5) Fertigungsprozessdauer, (6) Lieferzeit, (7) Grad der Individualität, (8) Verkaufschancen)

Branche	(1)	(2)	(3)	(4)	(5)	(6)	(7)	(8)
Textilien	mäßig	gering	leicht	mäßig	mäßig	kurz	mittelmäßig	gering
Lebensmittel	gering	sehr gering	sehr leicht	oft	kurz	kurz	mittelmäßig	gering

Tabelle 4: Zusammenfassung der Ergebnisse der Textil- sowie Lebensmittelindustrie

Die Darstellung zweier Branchen kundenindividueller Produktion mit einem **mittelmäßigen** Grad an Individualität ist somit abgeschlossen. Im Anschluss erfolgt die Betrachtung der letzten Beispiele, bevor die Unterschiede zwischen den einzelnen Gliederungspunkten aufgezeigt werden.

4.3 Fotoalben und Schmuck

Die letzte Betrachtung individueller Produktion richtet sich nun also an Branchen mit dem **höchsten Grad an Individualität**. Die Produkte dieser Branchen sind für genau eine Zielperson bestimmt. Andere Personen können nichts damit anfangen, da sie viel zu persönlich sind. Ein einfaches Beispiel ist dabei die Herstellung eines Fotoalbums. Jemand der seinem Freund oder seiner Freundin ein Fotoalbum zum Geburtstag schenken möchte, muss dafür nur auf der Homepage eines solchen Anbieters digitales Fotomaterial bereitstellen (Hart, A., 2005, S.9). Das Unternehmen scannt im Anschluss die Fotos ein und erstellt das

Suchbegriffe	Google Scholar	Springerlink	Saarländischer Virtueller Katalog
Industrie 4.0 Losgröße 1	338	103	203
Mass Customization examples business	8.790	431	1.520
Mass Customization Beispiele	346	111	403
Mass Customization Industrie 4.0 Beispiele	301	23	177
Kundenindividuelle Produktion Automobilindustrie	115	39	101
Mass Customization Unterschiede	256	78	249
Kundenindividuelle Produktion verschiedene Branchen	174	45	147
Losgröße 1 Industrie 4.0 Zusammenhänge Branchen	102	11	76
Kundenindividuelle Produktion Gemeinsamkeiten verschiedene branchen	206	12	92

Tabelle 1: Suchbegriffe

Wie man sehen kann, gibt es trotz Eingrenzungen und je nach Suchbegriff eine große Anzahl an Quellen. Die gefundene Literatur wurde im nächsten Schritt je nach Brauchbarkeit weiter eingeschränkt, sodass am Ende nur noch ca. 20 relevante Quellen bestehen blieben. Dabei wurde die Literatur heruntergeladen und es wurde nach Schlüsselwörtern wie z.B. Automobilbranche, Schmuckstücke, Textilindustrie etc. gesucht, um Informationen zu erhalten, welche die Ausarbeitung der Seminararbeit ermöglicht haben.

Folgende Tabelle repräsentiert nun die Anzahl benutzter Quellen, die je nach Schlüsselwort geordnet sind.

Schlüsselwörter	Anzahl relevanter Literatur
Kundenindividuelle Produktion/Losgröße 1/Mass Customization	11
Automobil-/Fertighaus-/Computerindustrie	5
Textil-/Lebensmittelindustrie	4
Fotoalben/Schmuck	2
Zukunft kundenindividueller Produktion	2

Tabelle 2: Relevante Literatur

Somit sind nun alle wichtigen Begriffe erklärt und ein Verständnis zur Vorgehensweise der Literaturrecherche des Themas vorhanden. Im Folgenden werden nun Beispiele kundenindividueller Produktion in verschiedenen Branchen betrachtet. Je nach Art des Produkts ergeben sich verschiedene Merkmale im Hinblick auf die Losgröße 1. Dabei sind Beispiele je nach Grad der Individualität unter einem Gliederungspunkt zusammengefasst, die Zusammenhänge können somit direkt aufgedeckt werden. Eine Betrachtung der Unterschiede zwischen den jeweiligen Branchen erfolgt im späteren Verlauf der Seminararbeit.

personalisierte Fotoalbum. Kein anderer Mensch kann damit etwas anfangen als die Person, für die es bestimmt ist.

Ein weiteres Beispiel dieser Produkte mit hoher Individualität ist die Herstellung eines Schmuckstücks für den Ehepartner oder sich selbst (Roth, A., Fritzsche, A., Jonas, J. et al., 2014, S.891). Dabei kann es sich um einen Ring, eine Halskette oder eine Uhr handeln. Dies spielt keine Rolle. Entscheidende dabei ist, dass das Produkt durch ein Merkmal personalisiert wurde und damit für exakt eine Person bestimmt ist. Nicht zu selten wird dabei bei einer Verlobung oder einer Hochzeit ein Ring, durch eingravieren des Datums des ersten Treffens oder des ersten Kusses, an den Ehepartner vergeben. Auch kann bspw. eine personalisierte Handkette mit dem Geburtstagsdatum des Kindes hergestellt werden.

4.3.1 Gemeinsamkeiten in den jeweiligen Branchen

Zur besseren Übersichtlichkeit sowie zur Einhaltung einer klaren Struktur werden die vorgestellten Branchen anhand bereits bekannter Kriterien untersucht. Gemeinsamkeiten entdeckt man dabei vor allem anhand der Zusammenfassung der beschriebenen Branchen unter einem Gliederungspunkt. Bei diesen Beispielen befindet man sich an dem **höchsten Grad an Individualität** den man erreichen kann. Persönlicher kann kein Produkt sein als ein selbst hergestelltes Fotoalbum für den besten Freund oder der Kauf eines Ringes für den Ehepartner. Dieser Gesichtspunkt steht bekanntermaßen in enger Beziehung zu den **Verkaufschancen**. Je persönlicher ein Artikel ist, umso schlechter kann man ihn an eine andere Person weiterverkaufen. Es wird sich im Regelfall kein Mensch finden, der das Fotoalbum mit Bildern eines Unbekannten erwerben möchte. Somit sind die Verkaufschancen solcher Produkte sehr gering. Der **Entwicklungsprozess** wird in der Regel nicht lange dauern. Ein Fotoalbum ist schnell hergestellt, die Gravur in einem Schmuckstück ist auch keine Tätigkeit langer Dauer. Somit sollte auch ein schneller **Versand** dieser Produkte gegeben sein. Die **Kaufhäufigkeit** kann dabei variieren. Stellt man gerne Fotoalben für seine Freunde und Verwandte her, so nimmt man den Service der individuellen Fotoalbengestaltung öfter in Anspruch. Bei Schmuckstücken ist das normalerweise nicht der Fall. Der Kauf eines selbst hergestellten Ringes für den Partner ist keine Beschäftigung des täglichen Lebens. Trivialerweise ist der **Individualisierungsprozess** an sich auch für den Otto Normalverbraucher durchführbar. Ein Fotoalbum erstellen oder ein Schmuckstück personalisieren, dies sollte für jedermann machbar sein. Betrachtet man den **wirtschaftlichen Aspekt** unterscheiden sich diese Beispiele. Während man für ca. 10 Euro ein Fotoalbum erstellen kann, ist der Kauf eines individuell angefertigten Ringes mit höheren Zahlungssummen bestückt. Je nach Material des Schmuckstücks sind die Grenzen nach oben offen. Somit geht auch eine größere **Verantwortungsbereitschaft** mit dem Kauf einer bspw. teuren Halskette einher. Auch kann man bei einer Gravur des Datums versehentlich das falsche Datum benutzen oder der Ehepartner will doch nicht heiraten und lehnt den Ring ab. Erstellt man ein Fotoalbum für den Freund, braucht man sich weder finanzielle noch andere Sorgen zu machen. Findet der Freund das Geschenk nicht ansprechend, so ist kein großer Schaden entstanden.

4.3.2 Zusammenfassung

In der folgenden Tabelle werden die Gemeinsamkeiten sowie einzelne Unterschiede zwischen Produkten mit dem höchsten Grad an Individualität veranschaulicht. Dabei sind die Gesichtspunkte bekanntermaßen dieselben wie bei den zuvor betrachteten Beispielen. (Begriffe: (1) Wirtschaftlicher Aspekt (Zahlungssumme), (2) Verantwortung, (3) Individualisierungsprozess, (4) Kaufhäufigkeit, (5) Fertigungsprozessdauer, (6) Lieferzeit, (7) Grad der Individualität, (8) Verkaufschancen)

Branche	(1)	(2)	(3)	(4)	(5)	(6)	(7)	(8)
Fotoalben	gering	gering	sehr leicht	mäßig	kurz	kurz	sehr hoch	sehr gering
Schmuck	different	hoch	sehr leicht	selten	kurz	kurz	sehr hoch	sehr gering

Tabelle 5: Zusammenfassung der Ergebnisse für Fotoalben und Schmuck

Somit sind alle Beispiele kundenindividueller Produktion mit verschiedenen Individualisierungsgrad dargestellt und deren Gemeinsamkeiten aufgezeigt.

5. Die Unterschiede innerhalb der kundenindividuellen Produktion

Die Begriffe „Losfertigung nach Losgröße 1", „Mass Customization" oder auch „kundenindividuelle Produktion" lassen sich nicht verallgemeinern. Die personalisierte Kundenproduktion bekommt je nach Art des Produktes und je nach Branche ganz eigene Charakteristika zugewiesen. Die Gemeinsamkeiten und Ähnlichkeiten der einzelnen Geschäftsbereiche individueller Kundenproduktion wurden bereits ausgiebig anhand von 8 Begriffen ausgewertet und daran abgewogen. Im Anschluss folgen nun die Unterschiede der vorgestellten Branchen sowie eine abschließende Tabelle, welche den Inhalt des Geschriebenen zur besseren Übersichtlichkeit zusammenfasst.

Das Hauptkriterium für die Zusammenfassung analysierter Branchen unter einem Gliederungspunkt ist, wie schon erwähnt, der **Grad der Individualität**. Sprich, wie persönlich ist das hergestellte Produkt tatsächlich. Dies kann man vor allem daran feststellen, wenn man das personalisierte Produkt wiederverkaufen möchte. Ein hoher Grad an Individualität sagt dabei aus, dass das Produkt für genau eine Zielperson bestimmt ist. Ist der Grad gering, so hat der hergestellte Artikel keine persönliche Bindung an den Hersteller. Das gekaufte Produkt lässt sich somit leicht wiederverkaufen und ist auch für andere Personen interessant. Unter diesem Kriterium fallen dabei die vorgestellten Branchen der Automobil-, Fertighaus- sowie Computerindustrie. Produkte aus diesem Markt können noch so stark individualisiert werden, es wird sich immer ein Käufer dafür finden falls man nicht mehr mit dem Produkt zufrieden ist, da eben keine starke Bindung an den Ersterwerber gegeben ist. Erzeugnisse aus den anderen vorgestellten Branchen haben einen höheren Grad an Individualität. Ein personalisiertes paar Schuhe oder die eigene Teemischung sind nicht für jedermann gedacht, jedoch findet man auch hier Personen welche das Produkt kaufen würden. Waren aus der Schmuckindustrie mit persönlichen Merkmalen oder ein Fotoalbum für den besten Freund sind dabei Artikel mit der stärksten Individualität und nur für eine Person bestimmt. Damit steht dieser Gesichtspunkt in direkter Beziehung zu den **Verkaufschancen**. Man kann feststellen: Je höher der Grad an Individualität, desto schlechter die Verkaufschancen seitens Ersterwerber und vice versa. Kommen wir zum **wirtschaftlichen Aspekt**. Die zu Anfang benannten Branchen erzeugen alle Produkte im oberen Preissegment und mit höheren Kosten steigt auch die **Verantwortung** beim Kauf solcher Gegenstände. Anders bei den Gegenständen im mittleren sowie unterem Preissegment. Beim Kauf einer neuen Hose oder Müslivariation, besteht keine Gefahr einer finanziellen Notlage. Das nächste Kriterium lautet **Individualisierungsprozess**. Eine Individualisierung eines Computers kann man sicherlich nicht mit der Personalisierung der neuen Adidas Schuhe gleichstellen. Jemand der sich einen Laptop zusammenbaut muss genau wissen was er tut. Man kann nicht einfach wahllos irgendwelche Bauteile benutzen und dann hoffen, dass alles funktionieren wird. Die Teile müssen zueinander passen, um einen funktionsfähigen Rechner zu erstellen. Ein paar Schuhe hingegen, kann jeder Durchschnittsmensch gestalten. Dies ist kein Akt großer Intelligenz, da man wenig falsch machen kann.

Die **Kaufhäufigkeit** sagt aus, wie oft man einen bestimmten Artikel in einer gegebenen Zeitspanne erwirbt. Dabei lässt sich eine Verbindung zum wirtschaftlichen Aspekt herstellen. Je teurer das Produkt, desto seltener der Kauf und umgekehrt. Der Kauf individualisierter Autos, Häuser, Computer oder Schmuckstücke, ist keine Handlung des tagtäglichen Lebens. Solch ein individualisiertes Produkt wird selten bis gar nicht im Leben eines Menschen gekauft. Anders z.B. der Kauf eines T-Shirts mit selbst kreiertem Logo oder eines Fotoalbums. Ein Fotoalbum ist ein perfektes Geschenk für Verwandte und Freunde und damit stets gerechtfertigt. Am häufigsten ist der Einkauf in der individuellen Lebensmittelindustrie. Bestellt ein Kunde eine Müslisorte welche zu ihm passt, so kann diese, je nach Verzehrmenge, wöchentlich nachbestellt werden. Ein weiterer Begriff ist die **Fertigungsprozessdauer**. Diese ist je nach Komplexität der Entwicklung und Menge der eingesetzten Bauteile unterschiedlich hoch und somit ergeben sich auch unterschiedliche Versandzeiten für die personalisierten Produkte. Die Produktion eines konfigurierten Autos oder Fertighauses dauert trivialerweise länger, als die Mischung einer Tee Sorte. Die **Lieferzeit** eines neuen Fahrzeugs ist somit nicht mit der einer Halskette vergleichbar.

Nachfolgende Tabelle bildet nun die Forschungsergebnisse hinsichtlich der bekannten acht Kriterien zu den vorgestellten Branchen, zur finalen Betrachtung der Gemeinsamkeiten sowie Unterschiede innerhalb der individuellen Kundenproduktion ab. (Begriffe: (1) Wirtschaftlicher Aspekt (Zahlungssumme), (2) Verantwortung, (3) Individualisierungsprozess, (4) Kaufhäufigkeit, (5) Fertigungsprozessdauer, (6) Lieferzeit, (7) Grad der Individualität, (8) Verkaufschancen)

Branche	(1)	(2)	(3)	(4)	(5)	(6)	(7)	(8)
Fahrzeug	sehr hoch	sehr hoch	machbar	sehr selten	sehr lange	sehr lange	gering	hoch
Fertighaus	sehr hoch	sehr hoch	schwer	sehr selten	sehr lange	sehr lange	gering	hoch
Computer	hoch	hoch	schwer	selten	lange	kurz	gering	hoch
Textilien	mäßig	gering	leicht	mäßig	mäßig	kurz	mittelmäßig	gering
Lebensmittel	gering	sehr gering	sehr leicht	oft	kurz	kurz	mittelmäßig	gering
Fotoalben	gering	gering	sehr leicht	mäßig	kurz	kurz	sehr hoch	sehr gering
Schmuck	different	hoch	sehr leicht	selten	kurz	kurz	sehr hoch	sehr gering

Tabelle 6: Zusammenfassung der finalen Ergebnisse

6. Schlussteil

Die kundenindividuelle Produktion oder auch Losgröße 1 genannt, warf zu Beginn der Seminararbeit folgende Forschungsfragen auf: Was genau bedeutet der Begriff der Losgröße 1? Welche Branchen setzen dieses Konzept ein? Wie unterscheidet sich der Begriff nach der Art der Produkte und welche unterschiedlichen Aspekte hat dieses Konzept in verschiedenen Branchen?

Das Ziel der Seminararbeit war somit die Beantwortung der benannten Forschungsfragen sowie der Darstellung der Gemeinsamkeiten als auch Unterschiede aus verschiedenen Produkten unterschiedlicher Mass Customization Branchen. Im Folgenden eine Zusammenfassung der Ergebnisse.

6.1 Resümee

Eine kundenindividuelle Produktion, manchmal auch Losfertigung nach Losgröße 1 genannt, ist im Wesentlichen nichts anderes als die Herstellung eines personalisierten Produktes. Ein Kunde kann dabei sein Produkt so anpassen wie es seinen Vorstellungen und Wünschen entspricht. Diese Individualisierungsmöglichkeit ist inzwischen in fast allen bekannten Branchen etabliert. Von der Fahrzeugkonfiguration, über die Mischung der eigenen Teevariation, bis hin zum selbst entwickelten Schuh. Heutzutage werden dem Kunden alle Türen geöffnet. Dabei hat der Begriff der individuellen Kundenproduktion, je nach Branche und je nach Art des Produktes, andere Eigenschaften. Es lassen sich klare Gemeinsamkeiten und somit auch Unterschiede in den verschiedenen Geschäftszweigen darstellen. Dabei gibt es zwei Hauptkriterien an denen sich diese Differenzen feststellen lassen. Dies ist zum einen der wirtschaftliche Aspekt. Branchen, die individuelle Produkte im oberen Preissegment erzeugen, haben ähnliche Eigenschaften hinsichtlich Fertigungsprozessdauer, Kaufhäufigkeit, Verantwortungsbereitschaft und Lieferzeit. Solche Produkte unterscheiden sich jedoch am zweiten Kriterium, dem Grad an Individualität, sprich der Abwägung wie individuell das erzeugte Produkt tatsächlich ist. Auffallend ist dabei, dass Erzeugnisse aus der oberen Preisklasse über einen sehr kleinen Grad an Individualität verfügen, da diese Produkte keine Elemente mit persönlicher Bindung an den Käufer besitzen. Im Gegensatz dazu hat der gekaufte Ring für den Ehepartner mit Gravur des ersten Treffens einen sehr hohen Individualisierungsgrad. Dieser Ring ist für nur eine Person bestimmt und lässt sich nicht weiterverkaufen. Mit einem höherem Grad an Individualität sinken dabei die Verkaufschancen des Ersterwerbers und umgekehrt genauso. Niemand kann etwas mit einem fremden Fotoalbum anfangen. Ein selbst konfiguriertes Auto jedoch, findet immer einen Abnehmer.

6.2 Fazit und Ausblick

Der Begriff der kundenindividuellen Produktion hinsichtlich verschiedener Branchen wurde somit analysiert und die Forschungsfragen beantwortet. Auf die unterschiedlichen Aspekte des Begriffs, wurde anhand der Ermittlung der Gemeinsamkeiten sowie Unterschiede innerhalb der individuellen Kundenproduktion eingegangen. Den Begriff der Losgröße 1 kann man zwar verallgemeinern, jedoch erkennt man je mehr man sich mit dem Thema beschäftigt, wie vielschichtig dieses Konzept in Wirklichkeit ist. Losgröße 1 wird in allen erdenklichen Branchen eingesetzt, doch jede Branche hat ihre eigenen Eigenschaften.

Momentan fehlen für eine flächendeckende Umsetzung des Konzepts der kundenindividuellen Produktion, noch die technologischen sowie organisatorischen Voraussetzungen. Experten sind sich jedoch einig, dass die fortschreitende Weiterentwicklung der Technologie, Arbeitsplätze mit manuellen Tätigkeiten langsam aber sicher absetzen wird (Windelband, L., 2014, S.19). Ob sich das Konzept als Mainstream-Produktionsart durchsetzen kann, ist abzuwarten.

7. Literaturverzeichnis

[1] **Andelfinger, V. / Hänisch, T.** (2017). Industrie 4.0. Wie cyber-physische Systeme die Arbeitswelt verändern. Wiesbaden: Springer Gabler Verlag.

[2] **Herrmann, A. / Albers, S.** (2007). Handbuch Produktmanagement. 3. Auflage. Wiesbaden: Gabler Verlag.

[3] **Piller, F.T. (2006).** Mass Customization - Ein wettbewerbsstrategisches Konzept im Informationszeitalter, 4. Aufl., Wiesbaden 2006.

[4] **Fettke, P.** (2006). State-of-the-Art des State-of-the-Art. Eine Untersuchung der Forschungsmethode „Review" innerhalb der Wirtschaftsinformatik. Wirtschaftsinformatik 48 (2006) 4, S. 257–266.

[5] **Roth, A.** (2016). Einführung und Umsetzung von Industrie 4.0. Grundlagen, Vorgehensmodell und Use Cases aus der Praxis. Berlin, Heidelberg: Springer Verlag.

[6] **Slamanig, M.** (2011). Produktwechsel als Problem im Konzept der Mass Customization. Erstauflage. Wiesbaden: Gabler Verlag.

[7] **Pollard, D. / Chuo, S. / Lee, B.** (2016). Strategies for Mass Customization. Journal of Business & Economics Research (Vol. 14 number 3), S. 101-110.

[8] **Piller, F. / Zanner, S.** (2001). Mass Customization und Personalisierung im Electronic Business, in: Das Wirtschaftsstudium (WISU), 30. Jg. (2001), H. 1, S. 88-96.

[9] **Reichwald, R. / Piller, F.** (2006). Interaktive Wertschöpfung. Open Innovation, Individualisierung und neue Formen der Arbeitsteilung. Erstauflage. Wiesbaden: Gabler Verlag.

[10] **Wirth, S.** (2009). Individuelle Massenware kommt aus dem Internet. URL: http://www.welt.de/wirtschaft/article4625748/Individuelle-Massenware-kommt-aus-dem-Internet.html

[11] **Hart, A.** (2005). Modularisierung und Individualisierung von Content: State of the Art in Theorie und Praxis der Medienbranche.

[12] **Roth, A. / Fritzsche, A. / Jonas, J. / Danzinger, F. / Möslein, K.** (2014). Interaktive Kunden als Herausforderung: Die Fallstudie „JOSEPHS® – Die ServiceManufaktur". HMD (2014) 51: 883. doi:10.1365/s40702-014-0091-3. Springerlink. S. 884-895.

[13] **Windelband, L.** (2014). Zukunft der Facharbeit im Zeitalter „Industrie 4.0". Journal of Technical Education (JOTED), Jg. 2 (Heft 2), S. 138-160.

[14] **Silveira, G. / Borenstein, D. / Fogliatto, F.** (2001). Mass customization: Literature review and research directions. Int. J. Production Economics 72 (2001), S 1-13.

[15] **Russinger, S.** (2015). Industrie 4.0 – Chance für die Prozessautomatisierung. Diplomarbeit. Hochschule Mittweida (FH)

[16] **Larson, K. / Tapia, A. / Duarte, P.** (2001). A New Epoch. Automated Design Tools for the Mass Customization of Housing.

[17] **Reiß, M. / Beck, C.** (1994). Fertigung jenseits des Kosten-Flexibilität-Dilemmas. Mass-Customization als Strategiekonzept für Massenfertiger und für Einzelfertiger. Stuttgart, VDI·Z 136 (1994), Nr. 11 / 12 - November/Dezember, S 28-30.

[18] **Duray, R. / Ward, P. / Milligan, G. / Berry, W.** (2000). Approaches to mass customization: configurations and empirical validation. Journal of Operations Management 18 (2000), S. 605–625.

[19] **Piller, F. / Ihl, C.** (2002). Mythos Mass Customization: Buzzword oder praxisrelevante Wettbewerbsstrategie? Arbeitsberichte des Lehrstuhls für Allgemeine und Industrielle Betriebswirtschaftslehre an der Technischen Universität München.

[20] **Schulz, M.** (2014). Logistikintegrierte Produktentwicklung Eine zukunftsorientierte Analyse am Beispiel der Automobilindustrie. Wiesbaden: Springer Gabler Verlag.

[21] **Kloft, H. / Kokol, J.** (2010). Mass Customization basierend auf wirtschaftlichen Modellen und die Parallelität zur Kunst als Unikum. Volume 6 of the series Graz Architektur Magazin pp 120-127.

[22] **Piller, F.** (2000). Kundenindividuelle Massenproduktion (Mass Customization). Wiesbaden: Springer Gabler Verlag.

[23] **Kromer, R.** (2008). Smart Clothes Ideengenerierung, Bewertung und Markteinführung. Erstauflage. Wiesbaden: Gabler Verlag.

[24] **de Bellis, E.** (2015). Die 3-K-Erfolgsfaktoren von Mass Customization. DOI: 10.1007/s11621-015-0519-3. Gabler Verlag.

[25] **o.V.** (2010). "Mass Customization": Deutschland als internationaler Trendsetter. URL: http://www.foerderland.de/uploads/tx_ttnews/netzwertig/produktkategorienderuntersuchtenanbieter_4200.png

www.ingramcontent.com/pod-product-compliance
Lightning Source LLC
La Vergne TN
LVHW042314060326
832902LV00009B/1488